« LA VOIX DES HOMMES SANS VOIX »

Paroles de l'Abbé Pierre

Imprimé en France. Printed in France.
ISBN 27082 2857-9

« LA VOIX DES HOMMES SANS VOIX »

Paroles de l'Abbé Pierre

Présenté par Michel Quoist

Les Editions Ouvrières - Paris 1990

PRÉFACE

Il était une fois... Ainsi commencent les belles histoires qu'on raconte aux enfants. Mais il s'agit ici d'une histoire vraie qui s'adresse à tous. Cependant, seuls comprendront en profondeur, bien au-delà du passionnant récit, ceux qui ont le coeur disponible, et qui, là où ils sont, dans la situation qui est la leur, tentent de vivre le commandement du Seigneur : «Aime ton prochain comme toi-même», même s'ils ne savent plus d'où leur parvient cette brûlante invitation adressée à tous les hommes, il y a 2000 ans, sur la terre de Palestine. Belle et pauvre terre qui aujourd'hui hélas, continue de boire le sang des victimes du non-amour, nous rappelant sans cesse que nous avons chacun personnellement et tous ensemble, à faire d'immenses efforts pour que vive enfin l'amour fraternel en cette humanité déchirée et si souvent atrocement douloureuse.

«L'Histoire», beaucoup l'on déjà racontée, et très bien. Pour ma part, j'ai préféré laisser la parole à l'Abbé Pierre, même si, puisque c'est lui qui parle, beaucoup d'événements importants comme des détails significatifs, ont été passés sous silence.

C'est à partir des très nombreuses conférences que le Père a donné dans le monde, certaines publiées en brochures, d'autre polycopiées, que j'ai reconstitué la chronologie de la bouleversante aventure qui, selon son expression, «lui est arrivée».

Ce sont donc ses mots que je vous livre, scrupuleusement respectés. Il m'a fallu seulement couper des phrases trop longues, et, d'accord avec lui, très légèrement rectifier, quelquefois, le langage parlé.

Dans la deuxième partie de l'ouvrage, et puisant aux mêmes sources, j'ai tenté de résumer l'essentiel du message du Père, en présentant une série de ses «paroles» classées en quelques chapitres. Difficile entreprise ! Tant et tant de textes méritaient d'être retenus. Ayant relu ces pages, le Père a confirmé ces choix. Ils reflètent bien sa pensée.
Quand je vous ai demandé, cher Père, la permission de préparer ce livre, vous m'avez répondu : «Attends plutôt que je sois mort !». Pourquoi attendre, vous ai-je répliqué, la parole est faite pour être entendue ! Alors, après un court silence vous avez ajouté : «...et puis fais ce que tu veux, à toi je ne peux rien refuser !». «A moi» avez-vous dit et j'y suis très sensible mais je sais que c'est «à tous» que vous ne pouvez rien refuser, et donc à vous, entre autres, qui vous apprêtez à lire ces lignes.
Alors, amis, lisez-les avec les yeux du coeur, écoutez de toute votre âme, c'est l'Abbé Pierre qui vous parle, et au-delà de lui, si vous avez cette chance inouïe de le connaître ou de le re-connaître, celui par qui, dit le Père, rien de ce qui a été fait n'aurait été fait : Notre Seigneur Jésus Christ. Ecoutez-les... tous les deux !

Michel QUOiST

L'ABBÉ PIERRE RACONTE L'HISTOIRE

PHOTOS : R. VIOLLET

En haut : **Campagne de l'Abbé Pierre, Paris 1954.** *Ci-dessus :* **L'Abbé Pierre quêtant au restaurant «Le Doyen».** *Ci-contre :* **L'Abbé Pierre.**

Le jeune homme riche devient un pauvre religieux capucin.

J'étais d'une famille bourgeoise de Lyon. J'ai fait mes études chez les jésuites. Pendant un an j'ai été étudiant à la faculté, puis je suis parti au noviciat des capucins. Je me rappelle l'épreuve que cela a été pour mon père. Avoir un fils jésuite ou dominicain, c'était assez considéré, mais avoir un fils capucin, dans le milieu où je vivais, cela faisait beaucoup moins distingué !

J'ai donc vécu là le noviciat, la philosophie, la théologie, dans des conditions qui, moralement, ont été extrêmement pénibles. A l'époque, la province des capucins de Lyon était peu nombreuse. Il était difficile d'organiser des études importantes, et j'aimais beaucoup la vie intellectuelle. Peut-être que mon insatisfaction quant à la possibilité de cette vie intellectuelle m'a davantage contraint à me nourrir de façon plus personnelle et réfléchie... Mais par-dessus tout il y avait chaque jour les longues heures de l'office psalmodié à haute voix, sans musique, une heure d'oraison la nuit, trois quarts d'heure le soir...

C'est pendant ces années-là, j'en ai l'évidence, que s'accumulait à mon insu tout ce qu'il fallut que j'aie d'esprit d'Evangile, au fur et à mesure des événements, tout au long de ma vie. J'ai pu le comprendre par la suite : la lecture, la psalmodie lente de ces textes des psaumes et de toute la Sainte Ecriture, sont un aliment qui contient la matière d'une vie intellectuelle et purement spirituelle. Sur les deux plans, il y a de quoi se nourrir et forger son caractère pour le service de l'Absolu et de la Bonté.

Prêtre et résistant

Après, ça a été pour moi une vie de fou ! Je suis tombé malade, si bien que finalement, sur les conseils de mon directeur, j'ai demandé à entrer dans le clergé séculier. J'ai été pendant cinq mois vicaire dans une paroisse très sélecte de Grenoble.

Puis, ça a été la mobilisation. Je suis revenu avec une pleurésie, envoyé convalescent en montagne, puis comme aumônier de l'Assistance Publique dans un orphelinat de trois cent cinquante gosses. C'était sous l'occupation, le régime de Vichy.

Après cette année, Monseigneur m'appela comme vicaire à la cathédrale de Grenoble. Huit jours après mon arrivée, c'étaient les premières rafles d'Israëlites et, grâce aux soeurs de Notre-Dame de Sion, j'ai appris à faire les faux papiers et j'ai commencé les passages de frontières. Je fus deux fois arrêté, évadé,etc., envoyé en Afrique, rengagé, aumônier de la marine. J'ai bourlingué à travers l'Afrique du Nord et l'Afrique Noire.

Député... presque malgré lui

Quand je suis rentré à Paris, j'ai rencontré des amis qui croyaient que j'étais mort ! C'était quelques semaines avant les élections. Ils sont allés trouver le Cardinal Suhard, archevêque de Paris, en disant : "Il faut qu'il se présente à ces élections".

Le Cardinal de Paris a dit :"Allez-y !"

Je fus élu député de Meurthe et Moselle. Et pendant six ans, ce fut la vie de député, vie qui n'est pas particulièrement reposante, ni favorable à la sanctification, bien que, certes, on puisse se sanctifier partout ! Et pendant cette période-là,sans que je me rende compte de ce qui se passait, ce fut la naissance d'Emmaüs.

Tout a commencé parce que la maison était trop grande

Député au Parlement français, il fallait que je cherche un endroit pour loger. J'avais trouvé, dans la banlieue de Paris, une grande maison dans un parc, avec deux petits pavillons à l'entrée. C'était à louer très bon marché et personne n'en voulait parce que cette maison, abandonnée, pillée par la guerre, était en très mauvais état. Je décidai de la louer. Rentrant des séances au Palais Bourbon, j'y venais travailler, faisant le charpentier, le maçon... A ce propos, je vous confie un secret, pour ceux d'entre vous qui êtes ou qui serez un jour ou l'autre député. J'ai appris à cette occasion une grande leçon de sagesse politique : le meilleur moyen de se remettre les idées d'aplomb après une séance à la Chambre des Députés, c'est encore de travailler un peu de ses mains ! C'est très efficace, croyez-moi !

Quand les plus désespérés deviennent sauveurs

Un jour, on m'appelle soudain : "Père, venez vite, un homme vient de tenter de se suicider. Il n'est pas mort. Vite, venez !". Cet homme rentrait du bagne. Voici plus de vingt années, dans un drame familial, il avait tué son père. Condamné aux travaux forcés à perpuité, après vingt ans à Cayenne, il était grâcié et il rentrait. Il trouvait une situation familiale épouvantable et il avait voulu se suicider.

Lorsque je me trouvai devant cet homme, après quelques mots, ce fut pour moi une évidence que si je faisais pour lui ce qu'on fait d'ordinaire, si je m'efforçais de lui trouver du travail, une chambre, de l'argent, quelques amis, bientôt il recommencerait à vouloir se tuer. Pourquoi, parce que ce qui alors lui manquait, ce n'était pas de quoi vivre, mais des raisons de vivre ! Alors, d'instinct, je fis exactement le contraire de la bienséance. Je lui dis : "Je n'ai rien à te donner, mais regarde comme je vis. Je fais comme je peux pour essayer d'aider des jeunes, quelques famillles qui sont dans la difficulté, qui n'ont pas de logement. J'essaie, mais je n'en peux plus. Je n'ai rien à te donner, mais toi qui es libre puisque tu viens d'essayer de te tuer, si tu voulais venir me secourir pour pouvoir en secourir d'autres, ce serait merveilleux parce que je ne serais plus tout seul, et à nous deux, qu'est-ce qu'on ne ferait pas pour aider les autres autour de nous ! Je n'ai rien à te donner, mais j'ai besoin de toi."

Alors le visage de cet homme fut totalement changé. Et il vint dans la maison avec moi. C'était le commencement des Communautés d'Emmaüs. Moi, le curé-député, lui, le forçat suicidé, rescapé, on était ensemble, travaillant ensemble, accueillant plus de gens, pouvant aider une famille, encore une, beaucoup mieux qu'avant.

Après lui il en vint un autre, et encore un autre, et bientôt nous étions cinq, six. La maison retapée était remplie de gens qui cherchaient un gîte, un abri. Alors nous commençâmes à bâtir illégalement. Je trouvai un terrain payable à crédit. On fit le tracé d'un chemin, de dix-neuf petits lots de jardins et on commença à construire de petites maisons. Depuis longtemps je n'avais plus un sou à moi. Ma famille était aisée, mais à dix-neuf ans j'avais tout donné pour partir chez les capucins. Je ne manquais de rien puisque, la guerre finie, j'étais parlementaire ! Nous vivions tous ensemble avec mon indemnité de député et nous pouvions acheter des matériaux. Les familles apportant un peu de leur salaire, nous pouvions construire.

Voilà qu'un jour je refusai la loi électorale des apparentements et je quittai l'Assemblée Nationale. J'avais davantage de loisirs mais plus d'argent ! Or, à ce moment, nous étions dix-huit hommes dans la maison, dix-huit hommes malheureux, et nous bâtissions ce chantier de "Champs Fleuris", comme nous l'appelions, pour dix-neuf familles. Pendant quelques semaines on vécut en vendant tout ce que j'avais. Et on continuait le chantier.

Quand il n'y eut plus rien du tout et qu'on ne put plus manger, je ne dis rien à mes compagnons, mais après le chantier - c'était au mois de décembre - je partis tout seul la nuit dans Paris et j'allai mendier sur les boulevards aisés. Et pendant plusieurs semaines nous continuâmes par ce moyen à travailler et vivre.

"Je sais faire autre chose"

Mais un jour, ça finit très mal. Les camarades qui vivaient dans la maison avec moi entendirent dire : "On a vu le Père mendier la nuit." Alors, j'en vis arriver plusieurs, furieux, qui me dirent : "Père, c'est un scandale ! Nous n'acceptons pas de manger le pain que vous, le Père, vous allez mendier". Et je leur dis : "C'est bien beau ! ça ne m'amuse pas, mais qu'est-ce qu'il faut faire,"Alors l'un d'eux me dit : "Moi, Père, je sais où il y a de l'argent". - "Parbleu ! bien sûr, tu as fait assez de prison, tu sais voler". - "Oui, je sais voler, mais je sais aussi autre chose." - "Quoi " - "Faire de la récupération, Père, faire le métier de chiffonnier". Je haussais les épaules : "Bien sûr, ça doit permettre de bricoler, mais ce n'est pas ça qui fera vivre la communauté, les dix-huit que nous sommes, et de continuer le chantier de construction !"

Alors il entreprit de me convaincre. Il fit tant et si bien que je finis par lui dire : "Eh bien ! dans la communauté il faut que chacun s'emploie à ce qu'il sait faire. Après tout, on ne m'a pas appris cela au séminaire, mais si toi, tu sais, va, on verra bien !" Et le lendemain matin, cet homme partit avec un sac sur le dos. Bientôt il revint, demandant que d'autres camarades l'accompagnent. Et ainsi, les jours qui suivirent, ils partirent, la moitié, faire la fouille des ordures. L'autre moitié pouvait bâtir.

On tirait un profit beaucoup plus grand que je n'aurais jamais cru de ces bouteilles, de ces chiffons, de ce papier, de cette ferraille, etc... qu'on revendait. On était tiré d'affaire. Les chantiers continuaient. C'était véritablement quelques chose d'inespéré. Il serait possible de passer la nuit entière à repenser aux péripéties de cette période.

Notre Seigneur a froid !

Quand l'une des premières familles que j'hébergeais s'était présentée, la maison était pleine déjà. Je ne savais que faire. Alors, j'enlevai le Saint Sacrement de la petite salle qui servait de chapelle et où je disais la messe, je le portai dans un local du grenier de la maison, et à la place de l'autel on mit les berceaux des bébés, le lit des parents. Des amis me dirent : "Mais, Père, ce n'est pas convenable ! Où direz-vous la messe ," Je répondis : "Je crois de toute mon âme que Jésus est là dans l'Eucharistie. Mais si vous lisez l'Evangile tout entier, vous verrez aussi que ce n'est pas dans la Sainte Eucharistie que Notre Seigneur a froid. Ce soir, Notre Seigneur a froid sur la terre, dans le corps, dans les mains et les pieds de ces petits bébés, de ces parents qui ne savent pas où ils vont aller dormir". Si par la suite tant de choses merveilleuses devaient se réaliser, se développer, c'est peut-être parce que nous avons osé faire en sorte que, chez nous, le premier qui laissa sa place à une maman sans logis, ce fut Notre Seigneur, Jésus Christ. Nous poursuivions ainsi notre travail. Mais, un jour, un fonctionnaire vint me dire : "Où est votre permis de construire pour toutes ces petites maisons ?" Alors je lui répondis : "Ecoutez ! Vous êtes un brave homme, mais dites bien à vos supérieurs que si vous revenez une fois encore nous demander un permis de construire pour des familles honnêtes, travailleuses, sans leur apporter le minimum d'entr'aide sociale nécessaire pour que ces familles puissent répondre aux exigences de la loi et obtenir un prêt, si vous venez leur demander un papier qu'elles ne peuvent pas obtenir, je vous avertis que je mettrai à l'entrée du chantier un immense panneau sur lequel je piquerai les extraits de naissance de chacun de ces papas, de ces mamans, de ces gosses, puis je convoquerai la presse, la radio, le cinéma, la télévision, et alors, pre-

CIRIC

A. DUCLOS / GAMMA

Ci-dessus à gauche : ***Repas collectif.*** *A droite :* ***Expulsés, place de la Réunion à Paris, 1990.*** *Ci-dessous :* ***Obsèques de Coluche.***

BOUVET-DUCLOS / GAMMA

nant un pot de peinture et un pinceau, au-dessus de ces papiers officiels j'écrirai : "Permis de vivre !"

Et nous avons continué. On nous a laissés.

Bientôt ce fut la première victoire. Par un décret du ministre, les Caisses d'Allocations Familiales furent autorisées à prêter aux familles la première avance pour constituer le premier fonds qui devait permettre ensuite d'emprunter à l'Etat. Aussitôt, pour faire preuve de notre loyalisme, nous avons commencé une cité légale, en entreprenant la construction de trente-trois pavillons.

Hiver 54
Un bébé meurt de froid

Alors arriva ce terrible hiver de janvier-février 1954. Sur toute l'Europe il faisait un très grand froid.

Tout d'abord, en décembre, au moment où le Parlement débattait du budget, je fis déposer par un ami député un projet d'amendement au budget du Ministère de la Reconstruction, demandant qu'une somme d'un milliard de franc soit immédiatement affectée à réaliser des constructions du minimum le plus élémentaire, pour permettre de sauver les familles qui étaient en état de péril. J'attendais avec impatience le vote sur cet article. Il eut lieu pendant la nuit. Le lendemain matin j'appelai au téléphone cet ami qui me répondit : "On en a discuté toute la nuit et finalement on est parti en disant "plus tard, plus tard". Cela n'est pas accepté".

Or - et c'est probablement cette coïncidence qui a fait que tout le reste a suivi - à ce moment même on frappait à ma porte. Je vis entrer un jeune ouvrier, l'un de ceux pour qui nous bâtissions. Sa maison était à peine commencée et comme il ne pouvait plus payer l'hôtel, nous l'avions installé dans le petit jardin où l'on construisait sa maison et il bivouaquait là avec sa femme et son bébé, dans une vieille carrosserie de camion. Cet homme entra en sanglotant et me dit : "Père, le bébé est mort !".

Au moment même où je faisais demander des crédits d'urgence au Parlement et où le Parlement répondait "plus tard, plus tard", dans cette nuit où il faisait déjà douze ou treize degrés de froid, les parents s'étaient endormis, le feu s'était éteint, le bébé était mort...

Toute la journée, je les aidai du mieux que je pus. La nuit suivante, je ne pouvais pas dormir. Je tournais en rond dans ma petite chambre, je priais au pied de la statue de Notre Dame des Pauvres. Et c'est là devant cette Vierge, que j'écrivis au nouveau Ministre de la Reconstruction, Monsieur Lemaire, cette lettre où je disais à peu près ceci : "Voilà ce qui est arrivé. Le Parlement discutait sous votre direction et refusait ce que nous demandions. Et dans la même nuit, ce bébé, d'une honnête famille, mourait. On va enterrer ce petit bébé demain à une heure. Monsieur le Ministre, si vous êtes un vrai homme, vous le Ministre, venez demain à l'enterrement de ce petit, venez apporter le repentir de tous ceux, hommes d'Etat, puissants et fortunés, qui peuvent faire ce qu'il faut pour que tout cela ne se reproduise plus jamais". Le lendemain, quelques instants avant que je parte pour l'enterrement, on m'appela au téléphone. "Père, on vous avertit que le Ministre vient d'annuler tous ses rendez-vous de l'après-midi. Il est sur la route pour aller à l'enterrement". Je partis précipitamment et nous nous trouvâmes, nous faisant face, dans une impasse, allant vers le lieu où nous devions prendre ce petit corps. Je me mis à pleurer. J'étais fatigué, je n'en pouvais plus et j'étais bouleversé.

Le Ministre était un homme âgé et grand. Et on vit cet homme, ministre, tête nue, marcher pendant près de deux kilomètres derrière le cercueil de ce tout petit, silencieux au milieu de trente hommes, mes compagnons-chiffonniers. Trente hommes qui furent pour beaucoup des délinquants, des asociaux, des pauvres types, jusqu'au jour où on leur a dit à chacun : "Tout seul, tu ne pourrais pas, mais viens avec moi. Ensemble, nous les désespérés, nous les rejetés, nous deviendrons les sauveurs des autres". A l'issue de l'enterrement, le ministre m'a dit : "Père, merci. Je savais, bien sûr, la souffrance des autres. Jamais je ne l'avais comprise aussi pressante. Je vous promets que je vais faire tout ce qui dépend de moi".

Il faut lancer un cri

Et nous poursuivions notre travail. Mais le froid continuait... J'étais moi-même chiffonnier parmi les chiffonniers, conduisant les camions, montant dans les appartements, descendant dans les caves pour décharger, enlever tout, mettre dans nos camions, rapporter chez nous. Quand nous rentrions le soir, les camions remplis de tous ces détritus, de tous ces rebuts, nous retrouvions toujours plus nombreuse la foule de ceux qui s'apprêtaient à passer la nuit dehors.

Alors, je disais à mes camarades : "Vite, vite, déchargeons les camions, reprenons tout ce qui peut servir de couvertures, de vêtements, de chiffons, prenons de la soupe épaisse dans les marmites". Et nous repartions la nuit pour secourir tous ceux que nous ne pouvions plus faire entrer dans notre maison. On fit cela pendant plusieurs semaines. Le froid était toujours plus grand. On n'en pouvait plus. Alors, un jour, des amis qui m'avaient envoyé coucher de bonne heure car j'étais épuisé, vinrent me dire le lendemain matin : "Nous sommes découragés, il y en a trop. Père, il faut que vous lanciez un cri d'appel. Il faut que vous disiez leur devoir à tous ceux qui ne veulent pas regarder cette misère".

Il était près de midi. Je gribouillai quelques phrases, j'appelai au téléphone le directeur de la Radio et je lui dis : "Il faut lancer cet appel!" Dans la nuit on avait trouvé une vieille femme morte sur le trottoir !...Le directeur de la Radio me répondit : "C'est impossible. La Radio est un service public, il faut des autorisations pour un appel privé". Un des hommes près de moi avait l'écouteur. Il s'empara de l'appareil et dit :"Monsieur le directeur, vous avez raison. C'est vrai, ce que demande le Père n'est pas régulier, mais, écoutez. Vous avez peut-être des enfants. Ne pensez-vous pas que si vous dites "non" au Père, demain matin, lisant le journal, en prenant votre café, dans votre appartement bien au chaud, vous allez peut-être devenir rouge de honte devant vos petits, parce que le journal annoncera que, dans cette nuit qui va venir, d'autres petits enfants seront morts de froid. Vous serez obligé de penser, au dedans de vous : "C'est ma faute" Alors cet homme que j'ai connu par la suite, resta interloqué, silencieux, pendant quelques secondes, et déclara : "Vous avez raison, ce n'est pas réglementaire mais je le ferai. Dictez-moi votre appel". Quelques secondes plus tard, cet appel était lancé par la Radio. Je me précipitai ensuite à Radio Luxembourg où je le lançai directement.

Ce fut alors le prodige. J'allai vite manger quelques sandwiches et à peine une heure après ces deux cris à la Radio, je me précipitai à l'hôtel dont j'avais donné l'adresse. C'était un hôtel où je n'avais jamais mis les pieds, dont je ne connaissais pas la propriétaire. J'avais donné son adresse parce que cette dame au grand coeur m'avait écrit quelques jours plus tôt : "Depuis que je sais qu'il y a des enfants qui meurent dans le froid, j'ai honte, parce que j'ai un hôtel où, toutes les nuits, il y a des chambres chauffées qui demeurent vides. Alors, mon Père, tant que le froid durera, je mets à la disposition des familles que vous connaissez et qui ne savent pas où aller avec leurs petits, tout un étage de l'hôtel, au coeur de Paris".

Quand j'arrivai, c'était indescriptible. Absolument insensé. Il y avait certainement des milliers, et bientôt des dizaines de milliers de personnes. Toutes les rues aux alentours étaient noires de monde. Chacun avait ouvert son placard, avait pris quelque chose, était descendu avec des paquets. Il y avait déjà plusieurs centaines de milliers de francs à la caisse de l'hôtel où le personnel, non averti encore, ne comprenait rien.

En moins de trois semaines nous avons reçu, nous les gueux, plus d'un demi- milliard de francs. Quand la célébrité nous est tombée dessus, nous étions alors 180 chiffonniers répartis en trois groupes autour de Paris, vivant du métier de chiffonnier. Nous avions déjà construit une centaine de petites maisons pour des familles sans abri, mais tout cela demeurait inconnu. En effet, on croit souvent qu'Emmaüs a commencé en février 54, mais si Emmaüs n'avait pas existé antérieurement, dans l'obscurité et la misère, et dans le courage merveilleux de ces pauvres hommes, février 1954 n'aurait jamais existé. Voilà qu'en moins de trois semaines, sur les bras de ces 180 pauvres types qui n'étaient ni administrateurs, ni des gens au passé irréprochable, arrivait plus d'un demi-milliard de francs ! C'était insensé. Il y avait de quoi voir cela finir dans un désordre monstrueux, scandaleux.

J'appelai alors immédiatement des amis à la rescousse. Je réunis des gens très connus, directeurs d'entreprises, conseillers d'Etat, notaires, commerçants, syndicalistes, tous gens réputés expérimentés, et je leur dis : "Créez des associations des amis des Chiffonniers d'Emmaüs, appelez des architectes, des entrepreneurs. Achetez des terrains et mettez en route de grandes constructions tout à fait légales, définitives, satisfaisantes". Et j'ajoutais en riant : "Ce sont les pauvres chiffonniers qui vous apporteront le capital, à vous, capitalistes !".

Or, et cela est capital, et c'est sans doute ce qu'il y a eu de plus grand dans toute cette étonnante histoire, pendant toutes ces journées de février 1954, les 180 chiffonniers, qui savaient que c'était grâce à leurs sacrifices cachés, persévérants, qu'il arrivait chaque jour des millions, n'ont pas cessé une seule journée de partir chaque matin comme si de rien n'était, pour continuer à aller ramasser les déchets, les ordures. Et quand le soir on apportait à la banque les vingt ou trente millions reçus dans la journée, il fallait ajouter les cinq ou dix mille francs qui étaient le produit de la journée de travail des chiffonniers. Ils ne cessaient pas le travail.

C'est à la lumière de cela, voyez-vous, que tout s'explique, de ce qui produit et de ce qui continue de se produire.

L'hiver 1954 aura une suite... Des logements ont été construits, des lois ont été votées et surtout, des milliers d'hommes, dont certains furent des épaves, sont redevenus des "hommes debout". Au fil des années, de nombreuses communautés d'Emmaüs se sont créées. En 1988, le mouvement comptait 317 groupes, répartis dans 29 pays.

Mais le combat pour le droit de vivre humainement ne s'arrête jamais. Le combat de l'abbé Pierre continue. En cette année 1990 il est aux côtés des familles de squatters expulsées de Paris. Et il lance un nouvel appel à la conscience des responsables et de tous les citoyens :

"Faisons naître pour tous les dispersés parmi nous, enfin une vraie Espérance. Oui cela sera cher pour toutes les bourses. Mais si nous étions attaqués par une guerre sanglante, instantanément tous les moyens seraient trouvés. Pour ne pas être vaincus dans la guerre sanglante tous les citoyens acceptent d'énormes sacrifices. Tous l'acceptent parce que sont en péril autant les fils de favorisés que ceux de défavorisés. Est-ce que pour la guerre, la seule belle, la guerre à la misère, nous n'obtiendrons pas les mêmes sacrifices... parce que cette guerre là, seuls les fils de défavorisés sont en péril ? Ce serait une lâcheté. Ne soyons pas un peuple de lâches".

A. BOO / GAMMA

L'ABBÉ PIERRE NOUS LIVRE SON MESSAGE

Respecter son secret, sa pudeur.

1

EMMAÜS

L'homme broyé
devient plus
homme par la vie
sociale dans
laquelle il s'intègre,
le travail
auquel il participe.

Notre force est d'être **«ensemble»**. La vérité c'est - bien que n'étant pas des types excellents - d'avoir été capables de se faire pardonner ce qu'on peut avoir de torts parce que tout ce qu'on a de force on le met au service de ceux qui sont malheureux.

Et par là, on jette le défi au coeur de la cité.

Et c'est essentiel d'avoir compris cela.

Même si on est de pauvres pécheurs, même si on est de pauvres gens bourrés de défauts (il faut se corriger, il faut s'humilier, il faut se parfaire), il ne faut pas croire que le bon Dieu ne peut pas nous utiliser, et même nous utiliser pour des choses retentissantes.

Emmaüs, c'est la rencontre de celui qui sort de l'illusion du désespoir et de celui qui sort de l'illusion du dégoût. Emmaüs, c'est aller au-delà de l'illusion pour découvrir L'ENTHOUSIASME.

C'est tellement difficile d'être digne de servir ceux qui souffrent !

Oui, Emmaüs est le lieu du désespoir dépassé et de l'espérance retrouvée au- delà de la désillusion.

On ne te demande ni quelle est ta foi, ni quelles sont tes opinions. Tu es malheureux et c'est tout. Vois comment on vit. On n'est pas un asile, on gagne le pain qu'on mange. On n'est pas une bonne oeuvre comprenant des bienfaiteurs et des assistés. On est une COMMUNAUTÉ. On est tous dans le même bain, chacun selon ce qu'il sait faire. On travaille tous ensemble sans bénéfice individuel. Enfin, on n'est pas un "business" ordinaire où l'on veut faire de bonnes affaires.

Bien sûr on ne veut pas être plus bête qu'un autre chiffonnier et on ne veut pas se faire rouler, mais quand on veut faire le bilan et distribuer les dividendes, ce sont chaque fin de mois, chaque fin d'année, tant de désespérés qu'on a sauvés, tant de familles, de papas, de mamans et de gosses à qui on a donné leur maison. Voilà toute notre règle !

Respecter l'homme malheureux. Lui inspirer confiance, la mériter.

Respecter son secret, sa pudeur : son passé ne nous appartient pas.

Respecter sa liberté religieuse : ne pas lui faire chanter des psaumes pour lui offrir en échange de la soupe. Ce serait le dégrader.

Restituer à l'homme sa dignité : voilà le grand secret, sans lequel aucun de ces chiffonniers ne ferait ce qu'il fait, ne vivrait dans les conditions préhistoriques des champs de gadoue : ainsi Dieu sera dans son travail, et un jour ou l'autre, sans que nous y intervenions par le dehors, entrera dans son coeur réconcilié.

Ce que l'on croyait perdu en valeur humaine, voilà que cela ressuscite et que cela devient capable de faire ce que ceux qui sont des "bons-à-quelque-chose" ne font pas.

Tout le mouvement Emmaüs réside dans cette idée : on est sauvé lorqu'on est devenu sauveur. Ce regard vers d'autres que soi, c'est toute l'explication.

Pour que les sacrifices que l'on fait et les privations que l'on accepte, créent de l'amitié, il n'est pas tellement nécessaire de donner de l'argent, de la technique, des machines et des experts, mais il faut d'abord **se donner soi-même**, vivre comme ceux que l'on aide. Si cette présence humaine n'existe pas, parmi ceux qui souffrent, l'argent fait plus de mal que de bien.

N'est-ce pas une merveilleuse raison d'espérer dans l'avenir d'Emmaüs que cette preuve qui apparaît de ce qu'il répond à un appel universel, donnant aux désespérés comment retrouver "**les raisons de vivre**" : aimer, se donner de la peine pour que les autres aient moins de peine ?

Que tout cela naisse spontanément, n'est-ce pas la preuve que ce rayonnement ne tient pas à une personne, mais trouve sa valeur en soi, par le vent de l'Eternel Amour soufflant dans les voiles tendues ?

« Ce qui fonde tout Emmaüs est ceci : à celui qui souffre (et, notons-le, il s'agit *quasi* toujours au départ des cas de souffrance les plus extrêmes), un homme, relativement heureux, ne vient pas dire : "Tu es malheureux, je veux être bon avec toi, je te donne..." mais il dit : "Regarde, je fais ce que je peux pour aider tel ou tel, mais je n'en puis plus. Je n'ai rien à te donner ! Mais si tu voulais venir m'aider, toi, à secourir ces papas, ces mamans, ces gosses, etc... comme cela serait merveilleux ! On deviendrait capable de tant faire !"

L'on ne donne rien à celui qui SOUFFRE. Rien, si ce n'est la possibilité de venir soutenir une amitié offerte à lui, et vouée au service des autres. L'on ne lui donne rien sinon la possibilité de devenir à son tour capable de sauver efficacement d'autres souffrants.

Alors, le désespéré d'hier, certes encore et pour longtemps imparfait, trouve non pas d'abord "de quoi vivre", mais d'abord "des raisons de vivre".

Une communauté d'Emmaüs, c'est un espèce de carburant social à base de récupération d'hommes broyés.

Une communauté d'Emmaüs, c'est une espèce de laboratoire de fabrication d'une sorte d'explosif... de carburant social à base de récupération d'hommes broyés. Hommes que la vie avait frappés, écrasés, qui, individuellement isolés n'étaient plus qu'une poussière d'hommes. Que pouvaient-ils ? Que valaient-ils ? Seuls, c'était le désespoir. Rassemblés, réunis, remis debout, ils deviennent alors une force explosive. Sans... ce petit détonateur, la plus gigantesque puissance d'explosion est morte, elle est bonne à jeter, elle est inutile.

Que tous ceux qui sont puissants et constatent qu'ils ne peuvent plus faire grand chose, osent regarder humblement, avec cette intelligence que donne l'humble amour, cette formidable puissance qui, dans notre pauvre petite aventure d'Emmaüs, comme en bien d'autres à travers le monde, soudain a éclaté pour faire réapparaître l'espérance. Qu'ils découvrent que, pour que leur puissance redevienne puissante, il faut qu'ils sachent regarder la FORCE qu'il y a dans la FAIBLESSE lorsque l'amour vient au milieu d'elle.

Ce n'est pas en
tirant sur l'herbe
qu'on fait
pousser le blé.

Nous sommes précurseurs en montrant, pas en phrases, mais en vie vécue, qu'il n'y a pas de quoi se jeter par la fenêtre, ou trouver la vie sans goût, parce que l'on ne peut plus s'offrir sans cesse de nouveaux conforts, de nouvelles bagatelles plus ou moins dérisoires.

Aujourd'hui encore, si un compagnon veut me dire "merci", je réponds : "Cela n'a pas de sens. C'est vrai que peut-être toi tout seul tu ne pouvais rien, mais c'est aussi vrai de moi seul. La solution, c'est de dire ensemble, chacun à sa façon, merci à Dieu qui est l'Amour".

On doit être très fier de ce qu'on fait et pas de ce qu'on est. On n'est pas meilleur que les autres, mais ce qu'on fait est meilleur que nous.

Ce n'est pas en tirant sur l'herbe qu'on fait pousser le blé plus vite. Savoir avec amour patienter, regarder au jour le jour, le petit effort, la lente montée de chacun.

Toi qui veux venir comme "volontaire", dis-toi que ton vrai service de volontaire ne commencera que le lendemain du jour où, tellement dégoûté, tu seras résolu à faire ta valise et à "fiche le camp", mais où tu resteras quand même ! C'est à partir de ce moment-là, que ce sera vrai !

Attends- toi à ce que tu connaisses de ces heures où l'on est las, découragé et où tout semble sans valeur. Tiens-toi alors prêt à serrer les poings et à tenir. Et les pauvres, parmi lesquels tu auras lutté et vécu, s'ils voient le lendemain que tu es encore là, ils sauront que tu es un homme et que tu es leur frère.

C'est à partir de ce moment-là que, même si demain ils te rencontrent, grand Monsieur, dans une grosse voiture, tu seras véritablement leur frère, parce qu'ils auront vu que tu as connu ce que c'est que la tristesse et le dégoût de certaines conditions, et que "volontaire", tu as **persévéré** jusqu'à la fin du temps pour lequel tu t'étais proposé de venir apporter ton concours.

L'homme broyé qui arrive en communauté, devient plus homme par la vie sociale dans laquelle il s'intègre, le travail auquel il participe. Il devient plus frère en dominant ses défauts qui rendraient la vie commune insupportable, en collaborant aux tâches de dépannage, en acceptant qu'une part de son mieux-être possible soit utilisé pour sortir de la misère des frères, connus ou inconnus.

Il est à même enfin de se découvrir FILS DE DIEU, en prenant conscience qu'en fait, la loi de la communauté lui fait vivre **les gestes du Seigneur** : "Il eut pitié de cette foule et leur fit distribuer du pain, tant qu'ils en eurent besoin", et le commandement du Seigneur : "Tu aimeras ton prochain. Tout ce que tu fais à ton frère, c'est à moi que tu le fais".

Si, par quelque maléfice, tout ce qui existe aujourd'hui à travers le monde sous ce nom d'Emmaüs, soudain était volatilisé, il suffirait que demain, un homme heureux, mais las et honteux d'être heureux sans les autres, se rencontrant avec un homme désespéré et ne pouvant plus tenir solitaire, tous deux décident de travailler ensemble en vue de réussir à en sauver un troisième !... et à cet instant tout Emmaüs aurait commencé à rejaillir de cette nouvelle semence.

Oui, je le répète, Emmaüs c'est, avant tout, cela : dire à celui qui se voit être "de trop", qui ne se sent plus bon à rien : "Je n'ai rien à te donner, sauf mon amitié, et mon appel à partager mes efforts pour ensemble en sauver d'autres".

2

L'HOMME

Les années atroces de la guerre (Bergen - Belsen).

Il me semble que c'est pendant les années atroces de la guerre, lorsque j'ai vu à quel point l'homme était capable d'être contre l'homme, que j'ai compris combien le destin de l'homme c'est d'être pour l'homme, combien c'est une évidence que la vie n'a point d'autre sens que d'être un temps dans lequel nous devons faire l'expérience de notre capacité d'être frères et, étant frères, d'être véritablement les enfants du Père, du Père unique, universel.

J'ai compris ce que c'est qu'un homme qui s'est recroquevillé pour mourir, au milieu de notre société de "civilisé". Autant un homme, quand il est DEBOUT est quelque chose d'immense, d'envahissant, qui remplit tout l'horizon, autant lorsqu'il est ÉTENDU sur le sol et qu'il se cache pour souffrir et mourir, il est devenu quelque chose d'invisible, d'insignifiant, de dérisoire. Mais ce quelque chose, dérisoire apparemment, au jour de Dieu, se dressera de nouveau pour nous accabler et nous condamner.

Quand on est jeune, il peut coûter de supporter les autres. Quand on a longtemps vécu, combien il coûte parfois davantage de se supporter soi-même, tandis que l'on se connaît jour après jour de façon plus profonde et plus vraie !

Presque tous les temps de **maladie** restent dans mon souvenir, et dans la réalité, des temps de la plus grande importance. Par le recueillement, l'isolement ils étaient des temps où, d'une part, se mûrissait tout le vécu, tout le pensé d'avant, et d'autre part aussi des temps où explosaient, du fait de la non-activité extérieure, des émotions jusqu'alors plus ou moins inconscientes.

Lontemps très malade et écarté de toute action, l'abbé Pierre dira :

Oui, même si c'est vrai que je ne peux plus rien faire, et que, de longues années peut-être, je dois rester ce malade que je suis devenu, je veux l'accepter, faire l'offrande de ce oui. Qu'il soit réparation de toute faute en ma vie, et encore d'une autre façon, mais réellement, service de ceux qui souffrent, que j'aime...

Peut-être que ce que nous avons fait de plus important, c'est d'avoir eu cette **insolence** de faire des choses qui ne se font pas, de dire des choses qui ne se disent pas, de braver cette hypocrisie inconsciente des gens heureux, et de leur jeter à la figure le spectacle désagréable de la souffrance et de la détresse injuste de ceux qui sont si malheureux..., après nous être mis nous- mêmes, face à face, puis plongés tout entiers au milieu d'eux.

Si vous voulez jouer un jour un vilain tour à quelqu'un de vos amis, et si vous avez quelque pouvoir auprès du bon Dieu, demandez-lui de l'accabler d'admiration ; ce sera le plus vilain tour que vous puissiez lui jouer. J'ai fait l'expérience de ce que un peu d'admiration, ma foi, ce n'est pas désagréable du tout, mais lorsque cela dépasse un certain degré, cela devient insupportable !

Je ressens comme un merveilleux don de Dieu que la célébrité, qui à plusieurs reprises m'est tombée sur la tête, ne m'ait pas fait autre que j'étais avant.

Tirer sur la
corde pour
tenir la voile
tendue.

Emmaüs m'a fait comprendre ce que c'est que la LIBERTÉ. La liberté, c'est probablement tout simplement de tenir la voile tendue et de s'écorcher les doigts à tirer sur la corde pour tenir la voile tendue.

Ce n'est pas notre liberté qui fera le vent. Si la voile est tendue, mais s'il n'y a pas de vent, la barque ne bougera pas. S'il y a le meilleur vent du monde et si la voile n'est pas tendue, le bateau n'avancera pas davantage .

Notre liberté, c'est d'être disponible, avec la voile tendue, dans la bonne volonté. C'est ce "consentement à dire "oui" avec le Seigneur". C'est être disponible non pas en choisissant, mais pour consentir à ce qui est possible. Devant le bon Dieu c'est, et ce sera sans fin notre seule tâche de tous les jours.

Etre humilié affreusement au dedans de soi.

Trois choses, me semble-t-il, ont été mises en moi d'essentiel par cette aventure d'Emmaüs.

D'abord cette évidence : quoique nous soyons tous minuscules et défaillants, nous pouvons tous être **appelés à servir**. Nous pouvons tous nous trouver, malgré nos misères, de façon obscure, ou de façon éclatante, révélateurs dans la multitude humaine tout près de nous ou très loin à travers le monde, révélateurs du "pour quoi vivre", de cette "sûre Rencontre avec l'Amour Absolu" dont la faim crie en nous. Et cela n'a pas grand-chose à voir avec notre mérite ! En même temps cela m'a appris une deuxième chose : alors que j'étais submergé, écrasé, sous tant de folle célébrité et admiration, par cette naïve gentillesse avec laquelle des foules émerveillées de ce qui arrivait me l'attribuaient, cela m'a appris ce que c'est qu'être HUMILIÉ affreusement au-dedans de soi, parce qu'on se découvre crûment ni admirable, ni capable, tandis que, partout autour de soi, tous le réclament de celui qui est ainsi mis en vedette.

Enfin, cela m'a appris beaucoup de **patience**. Car il a fallu continuer. Et il le faut. Tout en se sachant chaque jour tellement insuffisant.

A mesure qu'avance la vieillesse...

Naufragé au large de Montévidéo, l'abbé Pierre est un moment compté parmi les morts, il dira :

Je pensais à tout ce que **je n'avais pas pu, pas su faire assez**, pour aider mes compagnons, les soutenir, partager avec eux. Mais la paix l'emportait. Il me semblait que dans la mesure où j'avais cherché au long de ma vie à mettre ma main dans la main de ceux qui souffraient, se tendait la main de Dieu vers mon autre main. En définitive, ce n'était pas du tout une pensée de crainte qui m'habitait, mais une sorte d'impatience.

A mesure qu'avance la VIEILLESSE, l'on est écartelé entre la pensée qu'il faut accepter de dire ce que, par la vie, l'on pense avoir rencontré de certitudes pour guider les pas - et qui peut-être aidera d'autres - et la soif de pouvoir, avant le bout du chemin, retrouver l'entière solitude. Se retrouver de nouveau inconnu, pour se consacrer à "l'autre action", pas moins nécessaire, pour tous, toute intérieure.

D
epuis près de quarante ans, j'espère mourir... **Mourir**, c'est-à-dire être indéfectiblement dans l'Unité, dans l'unique universelle unité de l'amour, sans plus jamais pouvoir vouloir L'offenser, sans plus jamais pouvoir risquer cette ténèbre de consentir à L'offenser, de consentir à **être quelqu'un hors de Lui, seul Tout...**

Ce n'est pas de la séparation que fait la mort, ah non ! que je suis impatient, mais de la Rencontre. RENCONTRE de l'Amour Eternel qui est le Tout de notre faim... et de celle de tous les frères et soeurs humains, connus et inconnus, innombrables, partis devant nous... et de vous que j'aime, mais avec qui l'intimité reste si paralysée, lointaine, tant que nous sommes dans les limites et les entraves du temps, tant que notre soif d'intimité totale n'est pas délivrée enfin en Lui.

Plus tard, viendra le temps où je ne saurai plus prier autrement qu'en répétant : "Je vous adore éblouissant en Votre être, mais tout incompréhensible, et déroutant en Votre création... et pourtant certain que Vous êtes Amour quand même".

3

VIVRE

Les jeunes,
vous pouvez être
les plus heureux
parmi les
fils de l'homme.

Les jeunes regardez! Vous êtes voués, que vous le vouliez ou non, à être la plus malheureuse de toutes les générations que l'humanité ait jamais connues, ou la plus heureuse de toutes.

Vous serez les plus malheureux si, stupides comme nous l'avons été dans une si large mesure avant vous, vous continuez à vous laisser entraîner dans cette ineptie et cette abomination de l'idolatrîe de vous-mêmes : croire que la joie de vivre, c'est Moi, Moi, Moi, Ma carrière, Ma fortune, Mon enrichissement, crève les autres ! Alors, malheur à vous si vous êtes encore dans cet aveuglement, dans cette abomination ! Malheur à vous parce que si cela a pu exister hier que certains croient pouvoir garder du bonheur matériel en ne pensant qu'à eux, pour vous - et c'est votre grâce - cela est fini.

Mais vous pourrez être les plus heureux qui aient jamais existé parmi les fils de l'homme, parmi les fils de Dieu, si enfin vous comprenez que le bonheur d'être, c'est chercher sa joie dans le service de la joie de tous. Si enfin vous comprenez que le mode d'emploi de la vie, c'est AIMER le prochain comme soi-même, c'est-à-dire, le servir avant moi, tant qu'il est moins heureux que moi.

L'homme
donne sa dignité
au travail.

Nous naissons dans un monde d'illusions et nous fabriquons toujours de nouvelles illusions. La "désillusion" est le commencement de la vraie vie. On devient un homme quand on sort des illusions pour entrer dans le RÉEL. C'est vrai en toutes circonstances, éducation, mariage, charité. Il faut avoir été non pas déçu, mais dés-illusionné pour savoir ce qu'est l'amour.

Ce n'est pas le TRAVAIL qui donne une dignité à l'homme. C'est l'homme qui donne sa dignité au travail par le but qu'il y met. Déplacer un tas de terre prend toute sa valeur s'il rend service à autrui. Balayer une salle pour la joie des amis est plus important et plus beau que de construire une bombe pour tuer ses voisins.

Le travail n'est rien d'autre que l'accomplissement du devoir, pour chacun, d'utiliser ses capacités au service des autres et spécialement des plus souffrants.

Saint-François d'Assise recevant les stigmates.

(Giotto di Bondone vers 1267-1337)

Le service est aussi un moyen de se remettre debout. Le travail ne suffit pas ; on peut travailler pour soi et s'enfermer dans son égoïsme. Mais le service est ce qui donne tout son sens au travail et à notre vie. C'est ce qui fait d'un être une personne, c'est-à-dire une relation d'amour.

La misère, c'est ce qui empêche d'être homme. La PAUVRETÉ telle que la conçoit l'Evangile, n'est pas pour tous celle de Saint François d'Assise abandonnant tout. Un directeur d'entreprise peut être pauvre, selon l'Evangile, s'il a conscience que tout ce qu'il a de privilèges est une dette. Il n'a pas à se proposer comme idéal de tout abandonner, mais de faire son métier, d'oeuvrer à ce qu'il y ait du travail et un salaire convenable pour tout le monde. S'il vit avec cette pensée, il est pauvre, selon l'Evangile.

De même que la misère c'est ce qui empêche d'être homme, cet esprit de pauvreté est la condition nécessaire pour être homme.

Les objets aux techniques savantes se multiplient.

Plus se multiplient et se perfectionnent les objets aux techniques savantes, qui devraient permettre à l'homme d'être libéré des moyens de faire face à ses besoins, plus l'on constate que les humains riches se trouvent vidés de leur réelle personnalité. Les moyens dont ils disposent ne deviennent plus des possibilités disponibles, mais des nécessités exerçant de véritables tyrannies et provoquant des automatismes dans lesquels l'être en profondeur se dissout.

Les travaux naturels nécessaires à la vie élémentaire avaient pu, dans les formes de vie primitive ou de misère, être cause d'accablement, mais voici que la dispense de ces travaux est, pour beaucoup, anéantissement. Liés à leurs possessions, la plupart ne les commandent plus mais sont déterminés par elles. Ils ne peuvent plus s'en passer et n'imagineraient pas de les donner. Ils ne possèdent plus, mais sont véritablement possédés.

L'on peut dire que dans la mesure où peut être prévue une extension de la distribution des biens, un problème essentiel pour notre temps sera le problème de la capacité d'USER DES "CHOSES", et non de dépendre d'elles.

Certains s'irritent de voir que l'on a dans les temps modernes pris l'habitude de beaucoup parler des droits. Au fond, tous ceux qui discutent sur les droits et les devoirs de l'homme, n'auraient pas besoin de réfléchir longuement s'ils avaient très clair devant l'esprit ce qu'est l'homme. S'ils comprenaient que la source radicale, absolue, totale, de tous les DROITS, c'est cette nécessité pour lui de disposer des moyens d'accomplir ce qui est son DEVOIR : glorifier le Créateur, en accomplissant tout son être. C'est sur ce devoir de s'accomplir pour la gloire de Dieu, que reposent tous les droits. Ils n'ont plus grand sens quand on les revendique comme s'ils étaient une fin en soi, se fondant sur l'homme en lui-même, comme si au-delà de lui il n'y avait rien, comme si l'homme ne signifiait rien.

C'est la vie qui doit créer la LOI. Et non pas la loi, figer la vie. La vie est plus un consentement qu'un choix.

On choisit si peu ! On dit oui ou non au possible qui nous est donné.

La seule liberté de l'homme, c'est de tenir la voile tendue, ou de la laisser choir, lassé. Le Vent n'est pas de nous.

Devant la souffrance qui semble ne plus pouvoir être portée, ce n'est pas de raisonnements que le souffrant a besoin, mais de présence priante, d'ami et de partage d'affection, qui peuvent seuls, jusque dans la souffrance qui apeure, rendre croyable une autre Présence, et peuvent rendre capable de porter, minute après minute, le fardeau, parce que **Présence d'Espérance** plus forte que tous les espoirs perdus.

Il est impossible d'être heureux, seul ou à quelques-uns, sans les autres. Il n'y a pas de joie ni de paix dans la conscience personnelle, si le plus souffrant n'est pas servi le premier.

La Loi Evangélique est aussi la loi essentielle de la vie sociale : je ne suis pas un homme si j'accepte d'être tranquillement HEUREUX, alors que d'autres, sont dans le malheur. Il y a désordre, attentat à la paix, provocation à la guerre, si la société familiale, nationale, internationale est d'abord organisée pour la tranquillité du plus fort.

Dans une famille, lorsqu'un enfant est faible, lorsqu'il est malade, toute la vie familiale n'est-elle pas ordonnée en fonction du plus faible, pour le repos et la guérison du malade ? C'est seulement en agissant ainsi que la famille humaine entière peut trouver sa joie.

Il n'y a pas d'autre solution que de regarder tout ce qui reste à créer, tout ce qui reste à faire, pour que la création se poursuive, pour que s'achève cette oeuvre que le Seigneur nous a donnée, en nous invitant à coopérer avec Lui pour la conduire à son terme.

...Ce que les hommes exigent de nous, au fond, ce n'est pas que nous soyons parfaits, mais c'est que manifestement, visiblement, nous essayons de l'être. Vous comprenez ce que je veux dire ? Il faut qu'ils voient en nous des gens qui essayent humblement de bien faire... S'ils sont en présence de quelqu'un qui a bien des défauts sans doute, mais qu'ils sentent tendu vers le Seigneur, alors voyez-vous, ils auront pour lui du respect, parce qu'au fond il leur apportera ce qu'ils attendent, le témoignage de l'ABSOLU, qui nous appelle à travers notre misère...

Chaque "Notre Père" que nous disons tout au long de nos vies de chrétiens, n'est vrai que s'il répond sourdement, en écho au-dedans de nous, à un autre cri, une autre prière, qui en est la réponse et seule, peut l'authentifier si, à chacun de nos "Notre Père" répond, murmurant puis grondant au-dedans de nous :

"Et les autres ? ... Et les autres ? ..."

..."Qu'as-tu fait ? Que feras-tu pour les autres enfants du Père ?"

Nul ne peut savoir à quelle voie, ordinaire ou extraordinaire, le Seigneur l'appellera... Rien d'autre ne nous est demandé que de DIRE "OUI", pas "Oui nous tout seuls", mais "OUI, AVEC le Seigneur". Rien d'autre ne nous est demandé que d'être cramponnés à la corde qui meurtrit les mains, pour que la voile soit tendue dans le vent. Il dépend de nous d'être VOILE TENDUE OU LACHE. Le vent, lui, n'est pas de nous. Il est le souffle même de l'Amour. Il ne cesse de souffler. Nul ne sait d'où il vient, ni où il va. Mais Lui le sait. Et parce qu'il est, "Lui", celui qui "Est", et l'Unique, et le Tout, cela suffit pour notre espérance. Cela suffit à faire invincible une joie secrète au fond de l'âme, même aux heures où le coeur et les yeux pleurent...

Vivre c'est

rendre croyable

l'Amour.

On est véritablement sauvé qu'à partir du moment où on se fait sauveur.

Comprenez cela, vivez cela :

Vivre, c'est rendre croyable l'Amour, rendre croyable que tous nous sommes aimés ; rendre croyable que tous nous sommes capables d'apprendre à aimer pour toujours... c'est venger l'homme, c'est venger Dieu en aimant.

On ne possède que ce qu'on est capable de DONNER. Autrement on est, non le possesseur mais le possédé.

Non, la vie n'est pas un rêve, ni un plan de l'homme ; elle est un acquiescement. Dieu nous guide, par les événements : à nous de dire oui ou non.

Pas de paternalisme. Il ne s'agit pas uniquement de donner de quoi vivre, mais de rendre aux malheureux des RAISONS DE VIVRE.

Il faut que nous regardions le monde à ses dimensions. Ce n'est qu'ainsi que, nous les heureux, nous échapperons à ce que l'on peut appeler le malheur des heureux. Nous ne trouverons la JOIE, le sens de la vie, le goût qu'il y a à être dans la vie des fils de Dieu, que dans la mesure où nous serons les frères de nos frères, les autres fils de Dieu.

Oui, vivre c'est pouvoir aimer, c'est-à-dire entendre en nous la voix d'Amour Infini qui dit : "Si tu veux ... et tu peux puisque Je suis là avec toi, si tu veux être avec Moi". Mais que de fois, et combien nous trébuchons, nous désertons alors même que pourtant, sincères, nous disons : "Je veux bien vouloir".

La personne est sacrée parce qu'elle est l'être marqué comme nul autre être visible ne l'est pareillement, marqué pour être RELATION D'AMOUR, pour être "existant aimé" et "existant pour aimer".

La vie c'est un peu de temps donné à des libertés pour, si tu veux, apprendre à aimer pour la rencontre de l'Eternel Amour dans le toujours de l'au-delà du temps.

Il n'y a accomplissement de soi que dans la sortie de soi.

... Qu'est-ce que c'est que cette mystérieuse prise de courant de quatre sous sans laquelle rien ne passe ? C'est simplement la décision de volontaires, leur mystérieuse volonté de participation à la réalité de la présence de Dieu dans l'humanité, cette présence toute spéciale dans l'humanité qui souffre.

4

SOCIETE ET POUVOIR

Sommet des 7 pays les plus industrialisés du monde.
Les détenteurs du pouvoir vivent loin des réalités de la misère.

La première mission de ceux qui veulent combattre toutes les formes de misère c'est de la faire voir. Parce que les détenteurs du pouvoir vivent entre eux, loin de ces réalités. On peut demeurer pendant quatre-vingts ans dans Paris sans soupçonner ce que peut être un taudis de la capitale.

A tous les chefs d'Etat, à tous les hommes politiques, même les plus généreux, il apparaîtra toujours plus urgent de restaurer le rideau de l'Opéra que de faire arriver l'eau dans les taudis. Non pas qu'ils n'aient pas de coeur, mais leur fonction leur fait obligation d'aller de temps en temps à l'Opéra, pas dans les quartiers insalubres.

La première tâche de ceux qui veulent agir c'est de lever le voile, de montrer à l'opinion ce qu'elle ne veut pas voir.

«Nul ne peut servir

deux maîtres...»

Toute société, nationale ou mondiale, se trouve coupée essentiellement en deux catégories de personnes : d'une part des personnes qui détiennent du POUVOIR (que ce soit le pouvoir économique, politique, celui de la culture, de la naissance et des relations, peu importe), et d'autre part ceux qui à l'autre extrême, sont dans des besoins dramatiques fondamentaux non satisfaits. Or, ceux qui détiennent du pouvoir, même s'ils sont honnêtes et généreux, nous sommes obligés de le constater, par le seul fait qu'ils détiennent du pouvoir, ils perdent la connaissance concrète, dramatique et sanglante de la douleur de ceux qui sont dans le besoin. Ils peuvent au pouvoir avoir une connaissance très parfaite de la souffrance des autres, une connaissance administrative, technique, statistique. Mais il est impossible, dès l'instant qu'ils possèdent du pouvoir, qu'ils aient en eux la connaissance passionnée et dramatique ; la connaissance qu'un corps aurait si c'était sa propre main qui se trouvait écrasée.

L'avenir du monde appartient tout entier à ceux qui sauront aller porter, à plus de la moitié de l'humanité désespérée, l'espérance au milieu du désespoir.

Ce qui manque au coeur de nos sociétés, aussi bien pour nos problèmes intérieurs que pour nos problèmes internationaux, c'est un certain rouage qui en a disparu et sans lequel plus rien ne peut marcher avec une réelle efficacité humaine. Quel est ce rouage qui a disparu ? C'est ce que tout simplement nous appelons chez nous désormais **"la fonction prophétique"**, au coeur de la Cité.

Prophète, ça ne veut pas dire quelqu'un qui par un don miraculeux de Dieu annonce l'avenir. Cela veut dire "parler pour" - "parler en face" - "parler par devant". Le Prophète, c'est LA VOIX DES HOMMES SANS VOIX.

Malheur aux sociétés où les rares forces d'interpellation prophétique, c'est-à-dire "voix des sans voix", deviennent un jour policiennes. Non que la politique soit à dédaigner ou à réprouver. Mais qui dira au Prince son fait si le Prophète lui devient semblable ?

Une civilisation vit tant qu'elle respecte la loi "tu serviras en premier les plus souffrants". Dès l'instant où cette civilisation sert en premier les plus puissants, elle va droit au suicide.

Il faut le redire une fois encore, c'est la MISERE qui va juger et arbitrer les destins de la terre entière, comme c'est elle qui, lorsque nous paraîtrons devant Dieu, nous jugera. Car, notre foi nous l'affirme, à cette heure le Seigneur dira à chacun de nous : "J'ai eu faim, j'ai eu froid. Où que tu aies vécu, en quelque siècle que tu aies vécu, ceux qui avaient faim, ceux qui avaient froid et qui pleuraient à côté de toi, sur la terre entière, c'était Moi. Es-tu venu communier, non seulement à ma présence sacramentaire, mais à ma présence sociale dans la douleur des pauvres , Si tu n'as pas communié à la souffrance des autres, alors quelles qu'aient pu être tes piétés, tes dévotions, va-t-en !".

Mais tant qu'on établira la hiérarchie en attribuant ce qu'on estime raisonnable en commençant par le haut, on n'arrivera jamais à en avoir assez pour aller juqu'en bas ! Mais si l'on commence par se préoccuper d'assurer en bas ce qui est nécessaire dignement pour chacun - et avec les rigueurs qu'il faut pour ne pas encourager des fainéants, car il ne s'agit pas de faire de la sentimentalité béate - on arrive toujours à en avoir assez pour arriver jusqu'en haut. On bouclera la boucle, alors qu'on n'y arrive pas autrement.

Le logement, une question de justice.

La liberté et la justice, nous les avons sauvées en droit et en théorie. Mais dans la pratique elles sentent déjà le cadavre. Elles sont perdues d'avance si nous ne sommes pas capables de leur donner tout leur sens en les faisant passer dans la vie de tous les jours, en assurant à tous les hommes le pain, le travail et la maison dont ils ont besoin pour être véritablement hommes.

Il faut le dire et le crier : Ce n'est pas vrai qu'un problème comme celui du logement soit une question de charité, de BIENFAISANCE. Pour ceux qui honnêtement travaillent, c'est un droit et une question de justice et non pas une aumône. C'est une insulte pour ceux qui travaillent de leur dire que la bienfaisance fera face à leurs problèmes et leur viendra en aide.

L'individualisme
est contraire
au christianisme.

L'égalité présentée comme étant le BUT de l'effort humain n'aboutit en fait qu'à la désillusion et ne laisse d'autre perspective que celle d'une société d'ennui, de nausée et de dégoût. Si véritablement c'est ce vers quoi nous sommes appelés à aller, comment espérer la joie enthousiasmante ? En vérité, ce n'est pas l'égalitarisme qui est l'espérance, mais L'ECHANGE et le PARTAGE, c'est-à-dire l'Amour.

La justice n'éliminera jamais la charité, car elle ne peut vivre que de la charité. Il n'y a pas de justice vivante, si elle ne procède pas de la charité, si elle ne procède pas de l'amour et du besoin de communion. La charité commande la faim et la soif de la justice pour tous. Elle se nourrit de cette faim et de cette soif. Il s'agit donc de **lutter à la fois pour remédier aux causes en même temps que pour donner le secours immédiat**. Il faut tout le temps mener de front ces deux actes.

L'individualisme dont vit notre civilisation dans sa décadence, nous devons affirmer en tant que chrétien, qu'il est aussi contraire au christianisme que le collectivisme.

Les restaurants du coeur.

Si on voit quelqu'un de haut placé dans la société, par la fonction publique, la fortune, la culture, accomplir parfaitement ses devoirs humains, chacun le respecte, mais personne n'en est bouleversé. Chacun pense en effet : "Il ne fait que son devoir", et bien vite en vient à penser : "Après tout, peut-être qu'avec les privilèges et les avantages qu'il a, il pourrait faire davantage". Cela ne bouleversera pas la conscience universelle.

Par contre, s'il arrive qu'un soir de grand froid, vous passiez dans une rue et que vous rencontriez un pauvre qui, rencontrant un autre pauvre plus malheureux que lui, ôte son manteau et le lui donne, est-il possible que vous ayez vu cela sans avoir reçu un coup au plus profond de vous-même. Lui, il n'avait rien, il a donné. Moi qui ai bien davantage, qu'est-ce que je fais, pour les autres, pour mes frères qui souffrent ?

Sans la détermination, tenace, persévérante, de reconnaître "l'absurde illusion de croire pouvoir être réellement heureux sans les autres", sans la volonté de "servir, et faire que soient servis, premiers, les plus souffrants", la vie est enfer. Les faibles sont écrasés et les forts, qui se croient "parvenus", vivent solitaires et dans la crainte de se voir à leur tour écrasés par un plus fort.

Quel pourcentage d'êtres humains a la possibilité de jouir de la beauté ?

La beauté d'une ville, la beauté d'une nation, elle n'est pas dans ses musées, dans ses théâtres, dans ses jardins publics, elle n'est même pas dans ses cathédrales.

La BEAUTÉ d'une ville, devant Dieu et devant les hommes, elle est D'ABORD de ne pas avoir de taudis, de ne pas avoir de sans-logis... Il faut que nous le comprenions et que nous livrions bataille jusqu'à ce que nous en soyons sortis.

On nous a enseigné tout, sauf l'homme. On nous a décrit toutes les splendeurs de l'art et de la littérature, mais on n'a jamais pensé à nous dire, pour chacune de ces merveilles, le pourcentage des êtres humains qui a la possibilité d'en jouir, qui a le moyen de manger, de ne pas mourir abruti et qui peut réaliser son destin.

L'action pour la justice quand elle est menée par l'Amour, même si "historiquement" elle n'aboutit pas au succès, est déjà une victoire dès le premier moment où quelqu'un a commencé à SORTIR de soi pour aimer et partager. La victoire est déjà obtenue aussitôt que, dans cette FAIM et SOIF de JUSTICE, on a décidé d'aimer, c'est-à-dire de vouloir être plus hors de soi, pas en prenant, mais en servant, en communiant. Oui, là est ma foi et je suis sûr qu'elle est cri de la Vérité. Là est, pour tous, la Rencontre de l'Illimité Amour que nos langues balbutiantes évoquent en disant : Dieu.

Tant que l'amour ne précède pas aux dons matériels, tant que le don de soi d'un assez grand nombre ne précèdera pas l'arrivée du don technique ou matériel, tout cela échouera. Dans bien des cas, tout cela ira à l'encontre du but que l'on recherchait à atteindre. Cela n'aboutira qu'à accélérer l'effondrement moral, social, politique et économique de ces peuples que l'on voulait secourir. Là sont le coeur et le noeud de tous les problèmes du monde.

5

AIMER

Le destin de l'homme c'est d'être pour l'homme. Je le répète. Combien véritablement c'est une évidence que la vie n'a point d'autre sens que d'être un temps dans lequel nous devons faire l'expérience de notre capacité d'être frères et, étant frères, d'être véritablement les enfants du Père, du Père unique, universel.

La **"tyrannie" de l'amour** fait que toi mon frère, quand tu souffres, cela me fait mal, et que libre, volontaire, je sens toutes mes énergies se mobiliser pour ta délivrance comme si c'était moi qui étais dans cette souffrance.

Tant que nous, qui nous disons hommes libres, nous ne sommes pas identifiés à la condition atrocement douloureuse de nos frères, tant que nous qui nous disons fils de Dieu et croyants, respectueux de la loi de Dieu, tant que nous, dans notre liberté et notre foi, nous ne sommes pas d'une manière réelle qui nous pénétre dans notre chair et notre âme, devenus participants à la souffrance de nos frères, alors notre liberté, comme je l'écrivais à Eisenhower, elle n'est déjà plus qu'un cadavre et sa décomposition est déjà commencée.

Quand tu souffres toi, qui que tu sois, aimer, pour moi, c'est avoir mal et pas pour larmoyer, mais pour que tout ce que j'ai de force se lève, pour lutter avec toi et nous guérir ensemble de ton mal devenu le mien.

Car "aimer" c'est ma joie dans ta joie, ta joie dans ma joie, et nous ensemble au service de la joie de tous, en commençant par les plus petits. Et si ta liberté longtemps dit non à ce qu'exige ta guérison, "notre" guérison, aimer c'est alors chercher dans le jeûne et la prière, à obtenir le Vent que l'on appelle "grâce" qui peut te conduire au oui.

Tant que nous continuerons à pratiquer des bienfaisances à bon marché et qui ne comporteront pas la première de toutes les conditions pour qu'elles puissent servir à quelque chose, tant que nous pratiquerons des bienfaisances dans lesquelles nous donnerons un peu de notre superflu, mais dans lesquelles nous n'aurons pas été capables de nous donner nous-mêmes, alors tout ce que nous croyons être à tout jamais béni de Dieu et assuré de durer, tout cela bien vite s'effondrera de proche en proche en n'épargnant personne.

Jésus chassant les marchands du temple.

Nos éducations sont fausses dans la mesure où elles prétendent nous enseigner cette idée que la COLERE est un vice.

Si la colère était un vice, il faudrait dire que Notre-Seigneur Jésus- Christ a été terriblement vicieux lorsqu'il lançait : "Malheur à vous", aux hypocrites et aux Pharisiens, lorsqu'Il prenait des cordes et qu'Il frappait sur le dos des trafiquants du Temple. Notre-Seigneur n'était sûrement pas un anémique et quand Il cognait, c'étaient de véritables coups qui n'avaient rien de symbolique. C'était de la vraie colère.

Ce qui est un vice, c'est quand on tourne sa colère au service de ses propres intérêts, c'est d'être incapable de se mettre en colère devant l'injustice, c'est d'être incapable d'avoir assez de faim et de soif de la justice pour entrer dans ce que j'appellerai la colère de l'amour. Tant que nous ne serons pas capables de briser cette espèce d'hésitation veule que l'on nous a inculquée trop souvent, afin qu'il soit plus facile de nous faire tenir tranquilles, tant que nous ne serons pas capables de devenir des révoltés devant l'injustice, et la nôtre d'abord, non pas par haine, mais par passion et par amour, nous ne serons pas des civilisés.

Ce qui nous manque ce sont des hommes capables de ne plus pouvoir supporter de s'endormir tranquilles chaque soir, dans une maison ordinaire ou luxueuse, à côté de leurs petits enfants qui ne manquent de rien ; ce dont le monde manque, ce dont il risque de périr, c'est d'avoir tant d'hommes qui ne sont pas méchants et qui sont capables de s'endormir sans angoisse, heureux, croyant avoir une sécurité, pendant que les deux-tiers de l'humanité sont dans le désespoir. Ce dont le monde est menacé de périr, c'est de ne pas avoir le sens du délit de gaspillage qui devient le délit de provocation lorsqu'il atteint un certain degré et lorsque par la rapidité des communications, la connaissance du contraste devient immédiatement possible pour ceux qui sont le plus dans la douleur.

Quel amour serait amour vrai s'il était sans colère quand l'aimé est maltraité, bafoué, détruit ? Une mère qui serait sans colère, voyant battre son petit enfant, serait-elle aimante ? Si nous sommes sans colère quand nous voyons les autres bafoués, exploités, humiliés, il est clair que nous ne les aimons pas.

La colère est révélatrice de ce qu'est notre véritable amour.

Aimer, c'est adorer l'Aimant Infini... et Le venger en voulant se faire assez aimant de tous pour que soit croyable Son Amour.

L'amitié c'est si bon et en même temps si fragile. Cela suppose que constamment on s'applique à comprendre l'autre et pas seulement à vouloir l'AIDER, mais à lui montrer qu'on a BESOIN DE LUI.

L'amitié, c'est recevoir autant que donner. C'est savoir ACCEPTER ET RECEVOIR.

Puisse être vrai pour nous tous, que vivre et mourir c'est toujours aimer. Aimer depuis ses plus proches jusqu'au globe tout entier de l'univers des hommes. Aimer, c'est-à-dire vouloir être présents, semblables, divers et cependant unis. La fin en soi, c'est la communion totale, la communion à Dieu et à nos frères, communion à cet univers de la création rachetée par le Seigneur.

Aimer, c'est être plus, non en prenant, mais **en allant hors de soi**, donner et recevoir.

Colombe de Picasso.

Sans la liberté, l'homme n'est plus homme. Ce qu'il y a de plus sacré en lui, ce qui est en lui le plus image de Dieu, se trouve profané parce que nous le savons et nous devons le proclamer, la liberté est cette grandeur, cette splendeur sans laquelle l'homme n'est pas l'homme. Savez-vous ce qui nous est arrivé : en proclamant et défendant la grandeur de cette liberté, nous en sommes venus, tous plus ou moins stupides, à la glorifier tellement pour elle-même, que nous en sommes arrivés à en faire un but. Etre libre pour être libre. Or, la liberté qui se prend pour un but, ce ne peut être que le désespoir.

La véritable grandeur de la liberté, c'est qu'elle est le moyen sacré, divin, irremplaçable, donné par Dieu à la créature spirituelle pour être capable d'amour. Quand la liberté refuse de savoir que sa seule raison d'être c'est de rendre l'homme librement, volontairement, esclave de l'amour, savez-vous ce qu'elle est ? Elle est très exactement le satanisme.

Aimer exige que l'on soit libre : il ne peut y avoir "amour", là où il n'y a pas de liberté, et la liberté ne nous est donnée que pour cela : aimer !

Charnier de Pisagua (Chili, 1990).

Les philosophes païens étaient assez forts pour avoir trouvé ça tout seuls : "Tu ne feras pas de tort aux autres, pour qu'ils ne t'en fassent pas... Ne sois pas méchant pour qu'on ne soit pas méchant avec toi..." Ce n'était pas la peine que Jésus vienne et meure sur la croix, si c'était pour nous enseigner ça. Ce n'est pas son Evangile. Il nous dit : "Tu aimeras ton prochain comme toi-même".

Or, qu'est-ce que ça veut dire ? Ou bien ça ne veut rien dire du tout, ou bien ça veut dire : "Celui que tu dois aimer comme toi-même, s'il est moins heureux que toi - après avoir assuré ce qui revient aux tiens, à ta famille, à tes plus proches - tu le serviras avant toi".

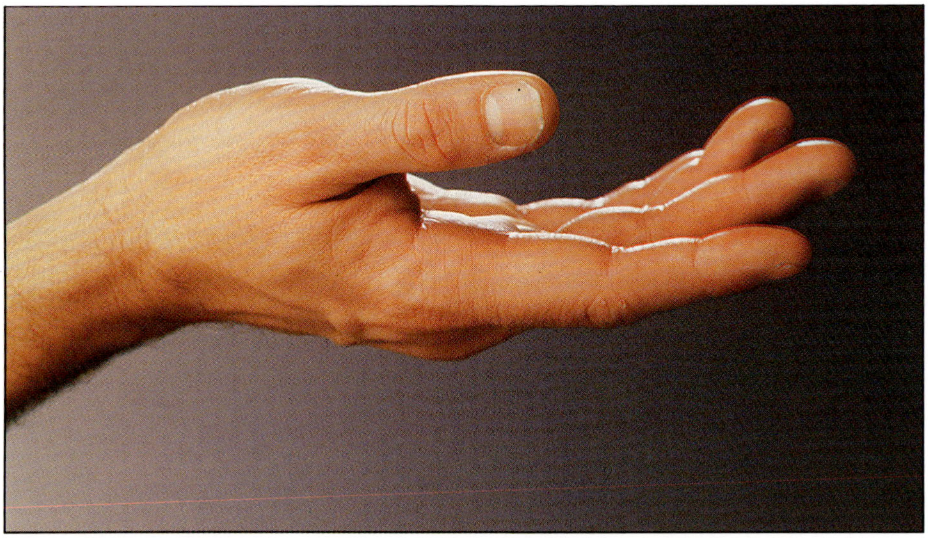

Tu aimeras ton prochain comme toi-même.

6

DIEU, JESUS-CHRIST ET LE PAUVRE

Profanation au cimetière juif de Carpentras.

Le partage fondamental de l'humanité n'est pas entre ceux que l'on nomme croyants, et ceux que l'on nomme non-croyants. Il est : entre les "idolâtres de soi" et "les communiants", entre ceux qui devant la souffrance des autres se détournent et ceux qui souffrent pour les libérer et se libérer d'une souffrance en quelque sorte devenue la leur.

Le plus grand nombre des apparemment non-croyants n'est-il pas composé de ceux qui n'ont vu, dans l'image de Dieu suggérée sous leurs yeux par la communauté des croyants, qu'une image méconnaissable... alors que, au-dedans d'eux-mêmes, l'Esprit Saint et ce qu'ils pouvaient connaître de l'Evangile, criaient que le service des plus souffrants était le chemin vers le vrai visage de l'Eternel Amour ?

Les BLASPHEMES, en multitude, qui montent de la terre (et si rares ceux qui sont lancés contre le Dieu vrai, contre Dieu faim et soif, contre Dieu amour) c'est à la face des faux dieux, façonnés par les égoïsmes, les hypocrisies, les insouciances qu'ils sont jetés : il dépend de nous qu'ils se révèlent cris, appels, chants de gloire au Dieu vrai.

Dieu est captif de la liberté qu'il nous a donnée par amour.

(Sculpture d'Hutton Schang)

Nous avons caricaturé Dieu à notre image humaine. Parce que, quand l'homme est puissant, il est dominateur. On pense alors que le Tout-Puissant est dominateur. S'il l'était, mais il serait à condamner !

Il faut venger Dieu de l'insulte qui lui a été faite en le présentant, comme notre catéchisme et notre théologie l'ont fait si souvent, comme Tout- Puissant dominateur. Il faut le venger en le montrant Tout-Puissant, captif de la liberté qu'il nous a donnée, par amour.

La vraie grandeur Absolue, Sacrée, de Dieu, c'est que, parce qu'Il est l'Amour, Lui le Tout-Puissant, Il est "Tout-Puissant Captif", captif de la liberté de l'aimé dont Il attend la libre réponse d'amour. Captif volontaire, et "risquant Sa Gloire" (si l'on peut ainsi s'exprimer à notre façon humaine) pour LA VRAIE GRANDEUR DE L'HOMME.

Le monde n'est pas tout fait. Il est en construction. La création se poursuit chaque jour. Dieu travaille dans le monde quotidien. Il faut collaborer avec lui. La charité, c'est la loi de construction du monde.

Pas d'idéalisme. Dieu n'est pas dans le ciel, il est dans le pauvre type qui te parle en ce moment. Le Christ est incarné dans ce voyou, ce voleur, ce menteur. La gloire de Dieu est incarnée en toi qui lis, en moi qui parle.

La vie éternelle n'est pas "vie future", elle se vit dès aujourd'hui.

Quelle abomination ! Nous avons transformé Dieu qui est Amour, en Néant puisque nous avons réduit l'amour à "ne pas mal faire". Si nous n'avons pas mal fait, nous pensons avoir aimé ! Comme si deux époux, deux amis se disaient : "Tu vois bien que je t'aime puisque je ne te fais pas de mal !"

Nous avons réduit l'Amour à néant, anéanti ce don de Lui-même que Dieu nous avait fait. Si, aimer c'était simplement ne pas faire de mal, est-ce que vous croyez que c'eût été la peine que le Seigneur vienne parmi nous et qu'Il meure sur la croix ?

"Tu aimeras, tu aimeras comme toi-même".

Mais "comme moi-même" qu'est-ce que cela veut dire ? Je le répète une fois de plus. C'est pourtant simple... Puisque je dois aimer mon prochain "comme moi", aussitôt que j'ai le nécessaire - ce qu'il faut pour moi, mon foyer, mes enfants, pour que je remplisse correctement mes obligations- je dois le servir avant moi, tant qu'il est moins heureux que moi.

La clarté
peut vaincre les
ténèbres.

Le maître du monde, on peut dire que c'est la misère. "La misère juge le monde". Elle juge le monde devant Dieu pour l'éternité. Le Seigneur nous a avertis.

A l'heure du jugement, Il ne nous posera qu'une question : **Qu'as-tu fait de ta vie ?**

Comment n'obtiendraient-ils pas la miséricorde ceux qui vengent Dieu en reflétant sur toute la CRÉATION la seule clarté qui puisse vaincre sa part de ténèbres. Ceux qui font voir Dieu tel qu'Il est, non point grand seulement de la grandeur d'être le créateur des astres et des hommes, mais grand de cette indicible puissance de pouvoir faire fleurir cette sorte d'amour dans de faibles coeurs d'hommes.

Dans ceux qui souffrent, il y a du sacré.

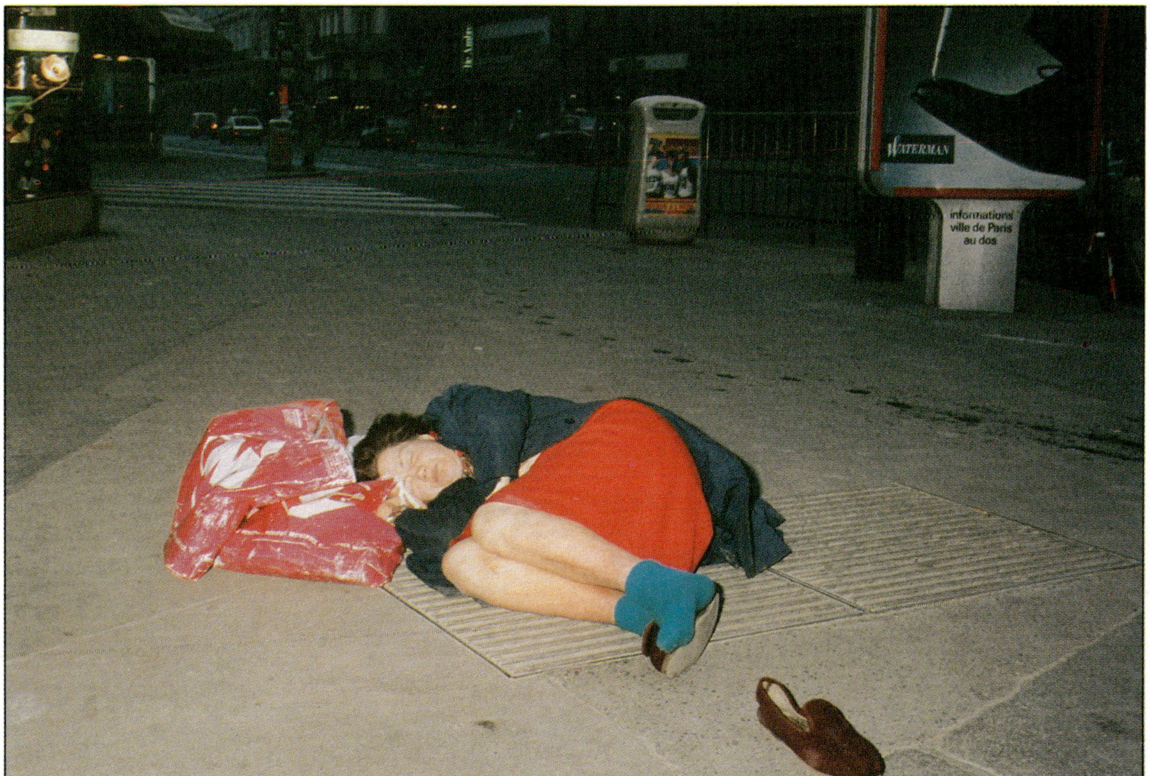

La souffrance peut être le chemin de la Foi ou celui du blasphème. Elle est le chemin du salut lorsque celui qui a, sait se priver pour celui qui n'a pas ; alors, c'est le salut de tous deux.

Le SALUT de celui qui se prive et de celui qui reçoit, parce qu'il peut prendre au sérieux la parole qui accompagne le don.

Dans tous ceux qui souffrent, il y a du "sacré", un appel pour un accomplissement et pour une Rencontre qui ne peut tromper, ni décevoir.

Tout l'Evangile, tout Jésus, c'est bien autre chose qu'un simple appel à la "bonne conduite" qui fait des "gens corrects". C'est bien autre chose qu'une leçon de morale naturelle, fût-elle la plus éclairée et la plus fidèle. " C'est une FOLIE" - depuis les premiers disciples, jusqu'à aujourd'hui - pour tous ceux qui, quoique pauvres pécheurs, se sont risqués à prendre au sérieux "tout" l'Evangile.

Ce qui différencie le chrétien et sa "folie" du sage et de sa "raison", ce qui témoigne que là où est le chrétien véritable Dieu se trouve, c'est que le pauvre n'est plus délaissé.

Ce qui nous manque aujourd'hui, c'est cette folie, cet ESPRIT D'AMOUR de quelques-uns, capables de faire jaillir de leur prière la passion de la délivrance de ceux qui souffrent, nourrissant, dans la contemplation, leur amour pour le Seigneur présent dans les souffrants et faisant déborder sur eux toutes les énergies de leurs communautés.

Quand le prêtre, à la fin de la messe, nous donne la bénédiction pour que nous allions vaillamment accomplir notre mission, à ce moment, notre Communion est inachevée.

Elle ne sera achevée, de manière à être véritablement agréable à Dieu que lorsque nous irons parfaire notre COMMUNION à la présence sociale du Christ, dans chacun de nos frères en qui Il est bafoué et en qui Il pleure les larmes et le sang de sa passion.

Alors seulement deviendra possible le merci, l'Eucharistie (Eucharistie veut dire en grec "dire merci") de la terre entière.

La seule communauté véritablement de Dieu est une communauté de pauvres. (Une communauté de base au Brésil).

L'Eglise, c'est la communauté de ceux qui luttent pour être des fidèles de l'Evangile.

Le Seigneur, voulant le salut des riches et des pauvres, n'a pas choisi de faire une Eglise qui soit communauté de bons riches accueillants et bienfaisants aux pauvres. Il a choisi de faire une communauté de pauvres accueillante aux riches et pas forcément pour leur dire de tout laisser, mais pour leur demander ce qu'ils font de leurs privilèges : pour leur agrément à eux ? ou pour hâter la délivrance des opprimés ou oubliés ?

C'est pour cela qu'aucune communauté religieuse ou aucune communauté humaine pour le salut humain, n'est véritablement de Dieu si elle se laisse aller à devenir une communauté de notables et de riches accueillante aux pauvres.

C'est une bonne chose, une communauté de notables, de riches, accueillante aux pauvres, mais ce n'est pas oeuvre de Dieu, c'est oeuvre humaine, trop petite devant le destin divin de l'humanité.

La seule communauté véritablement de Dieu est une **communauté de pauvres**, de souffrants, rayonnante de la joie d'aimer et accueillante aux riches.

Gandhi.

La vie éternelle n'est pas "vie future", elle se vit dès aujourd'hui.

Ce qui compte au terme de la vie, c'est la communauté tout entière, l'univers en sa plénitude, mais tous, ouvertement ou en secret, pensent que c'est par le sacrifice des autres que cela doit s'accomplir.

Que pauvre et hardi, un homme (le Christ, Gandhi) se lève et sans trembler rappelle que la joie universelle s'engendre par le sacrifice de soi et non par celui d'autrui, on le raille, on l'insulte, on l'incarcère et pour finir on ne se croit délivré de lui qu'en le faisant tuer.

CREDITS PHOTOS

BOO/GAMMA : page 18. **R. VIOLLET :** PAGE 10. **DUCLOS/GAMMA :** page 14. **BOUVET-DUCLOS/GAMMA :** page 14. **ROGER DICK :** couverture (1 et 4), et pages : 28, 30, 98, 100, 104. **CIRIC :** pages : 14, 20, 22, 40, 42, 48, 50, 60, 72, 74, 90, 94. **BERT HARDY :** page 36. **CLERGUE/GAMMA :** pages : 44, 54, 64, 66, 70, 88, 92, 106. **PIERRE LE MOUEL :** page 76. **LOUVRE/R.M.N. :** pages : 52, 82. **SPADEM/MUSEES DE LA VILLE DE PARIS :** page 86.

TABLE

La voix des Hommes sans voix est éditée par **les Editions Ouvrières**, 12, avenue de la Sœur Rosalie, 75013 Paris.
Conception : Graphy trois. **Rédaction technique et artistique :** Olivier Spadaccini.
Achevé d'imprimer en Septembre 1990 par l'imprimerie Tardy - Quercy.

Achevé d'imprimer
en septembre 1990
par l'imprimerie Tardy - Quercy.
N° d'édition 4591
N° d'imprimeur : 16132